Comment réussir à mettre de l'argent de côté ?

101 remèdes efficaces pour constituer une épargne

Véronique Jacques

Auteur : Véronique Jacques

Illustration : Elena Mikhaylova

Cela n'échappe à personne. Que l'on gagne bien sa vie ou que l'on peine à faire rentrer de l'argent, les fins de mois ne permettent plus d'épargner autant d'argent qu'avant.

Même les personnes qui vivaient confortablement il y a quelques années encore se rendent compte que la vie est de plus en plus chère.

Une rupture a été amorcée dans le mode de vie des Français.

La cassure est nette. La période de surconsommation qui a commencé à partir des années 70 et qui a connu son apogée au début des années 2010 est terminée.

Le coût de la vie est de plus en plus cher. L'essence pour se rendre au travail, les notes de courses au supermarché sont hors de prix, les factures énergétiques flambent, ne laissant que peu de place à l'épargne de précaution.

Cela n'est qu'un début. Les coûts de la production alimentaire mondiale sont attendus à la hausse dans les années à venir.

Le réchauffement climatique rendant les récoltes moins abondantes, la loi alimentation entrée en vigueur en 2019 ayant pour conséquence de faire payer plus cher les produits au consommateur et la pression fiscale exercée sur les transporteurs de marchandises ne font qu'aggraver la situation.

L'encouragement pour abandonner les véhicules roulant au diesel pour des véhicules à essence consommant plus de carburant et permettant avec une durée de vie moins longue en termes de kilomètres a grevé le budget des foyers français qui ont de plus en plus de mal à se payer quelques jours de vacances ou de simples sorties au restaurant.

Face à ce constat il est facile de se laisser décourager et d'accepter la situation avec fatalité. Pourtant le renoncement à une épargne de précaution enlève toute possibilité de faire des projets à long terme ou de s'assurer une retraite sereine. Si l'argent ne fait pas le bonheur il est cependant impossible de mener la plupart des projets à bien sans argent.

Cet ouvrage s'adresse à toutes les personnes en quête de solutions concrètes pour améliorer leur niveau de vie et leur capacité d'épargne.

Vous y trouverez 101 remèdes qui permettront de mieux vivre et de mettre de l'argent de côté pour parvenir à économiser petit à petit, mois après mois, année après année un capital qui permettra de vous assurer une certaine tranquillité d'esprit.

« Les petits ruisseaux font les grandes rivières. »

Ovide

1-Ne pas renoncer à la qualité

Epargner de l'argent ne veut pas dire acheter les produits les moins chers.

Tout a un coût. Se diriger systématiquement vers les premiers prix vous apportera souvent de la déception en termes de goût s'il s'agit d'aliment et en termes de qualité s'il s'agit de biens de consommation dont vous avez besoin.

Si on peut occasionnellement accepter de tomber sur un article de mauvaise qualité, il ne faut pas répéter de mauvais achats dans le long terme.

C'est la multiplication de mauvais achats de produits à bas coûts qui vous coûtent de l'argent.

Acheter une bouilloire électrique ou un grille-pain qui lâchent tous les deux-trois ans est une perte d'argent et donc d'épargne.

Acheter des vêtements ou des chaussures premiers prix n'est pas une source d'épargne non plus. Fabriqués à l'autre bout de la planète dans des conditions méprisant les conditions de vie des ouvriers, les tissus sont bien souvent de mauvaise qualité. Les vêtements ne résistent pas à plusieurs lavages les rendant tout juste bons à servir de chiffons.

Même si cela représente un coût initial plus important, il est intéressant d'investir dans l'achat d'objets de meilleure qualité.

De véritables chaussures en cuir ou des espadrilles fabriquées en France dureront plusieurs années.

Si vous calculez le coût que représente l'achat de produits de mauvaise qualité sur plusieurs années et le coût que représente quelques achats plus onéreux à la base, vous réaliserez que vous avez tout à y gagner d'investir dans des articles de qualité. Cela est valable pour les enfants. Les habits d'enfant de qualité pourront être transmis aux plus petits ou revendus à un bon prix.

2-Réfléchir avant de jeter

Tout le monde a déjà envoyé à la déchetterie des objets dont il souhaitait se séparer.

Il est fréquent surtout au moment des héritages, de devoir se séparer à la hâte d'objets dont on ne sait pas que faire dans l'immédiat. Il arrive aussi parfois de ressentir l'envie de faire place nette chez soi et de jeter des objets non utilisés entassés au grenier ou au fond de nos armoires depuis des lustres.

Tout a une valeur, aussi minime soit-elle. Si vous souhaitez faire rentrer un peu d'argent sur votre compte bancaire en vue de commencer de l'épargne, commencez par regarder les objets inutiles que vous détenez.

Si ces objets sont inutiles pour vous ils peuvent en revanche avoir de la valeur pour quelqu'un d'autre.

Vous pouvez tenter de les revendre sur des sites de petites annonces ou les revendre dans des vide-greniers.

3-Chasser les dépenses énergétiques inutiles

En plus d'envisager l'isolement énergétique de votre logement si vous en avez la possibilité, vous pouvez chasser les autres dépenses liées à la dépense énergétique dans votre foyer.

Les petits gestes ont chacun leur importance. En éteignant systématiquement la lumière dès que vous sortez d'une pièce, en éteignant et débranchant les appareils que vous n'utilisez pas (TV, boite internet, ordinateurs, ballons d'eau chaude…) vous parviendrez à contrôler vos dépenses énergétiques. En fermant bien les portes et fenêtres lorsque vous chauffez votre logement ou que vous le climatisez est une règle de bon sens à transmettre à tous les membres de votre famille.

De même en limitant la température intérieure à 18 °C en hiver vous limiterez la surconsommation des chauffages électriques.

Investir dans des lampes LED au fur et à mesure que vos autres ampoules grillent, représentera une bonne source d'énergie également. Les lampes LED ont l'avantage de très peu consommer et de durer longtemps.

4-Être fier de ceux que vous avez

La compétition avec les autres est malsaine lorsqu'il est question d'argent. Elle vous entraîne parfois à effectuer des dépenses que vous ne pouvez pas vous permettre ou à effectuer des achats inutiles d'objets dont vous n'avez pas véritablement besoin.

Il est inutile d'acheter le dernier téléviseur sorti sur le marché pour rivaliser avec votre collègue de travail ou un voisin un peu vantard qui aime vous montrer sa dernière acquisition.

Pour se constituer une épargne, il faut être fier et reconnaissant de ce que l'on a sans chercher à dépenser son argent dans des objets dont nous n'avons pas besoin.

Pourquoi changer le téléviseur que vous avez acheté dans les années 90 s'il fonctionne toujours ? Les vieux appareils offrent l'avantage d'avoir une durée de vie bien plus longue qu'un écran plat qui ne dispose pas d'une espérance de vie de plus de 5 ans.

De même vous n'avez pas à vous ruinez dans l'achat d'un canapé neuf. Même si le vôtre est un peu passé de mode vous pouvez tout simplement le recouvrir d'une jolie housse ou d'une belle couverture qui lui donnera une seconde jeunesse.

5-Etablir un budget

Les personnes qui créent une entreprise créent un business plan afin d'anticiper les dépenses qu'elles auront et les bénéfices qu'elles peuvent retirer de leur entreprise.

Il est utile d'en faire de même pour un particulier en établissant un budget mois pas mois en établissant un budget à ne pas dépasser mois après mois et en établissant un objectif d'épargne à réaliser.

Ainsi, au fil du mois si vous réalisez que vous dépensez trop d'argent en faisant vos courses vous pourrez tenter d'y remédier en repoussant au mois suivant certaines dépenses. Cela vous encouragera à éviter le gaspillage de shampoing ou produit vaisselle par exemple ou vous obligera à cuisiner les carottes restées au fond du bac à légume.

6-Acheter ou louer ?

L'achat d'un bien immobilier ou sa location dépend de la situation personnelle de chacun.

L'achat d'une maison favorise l'acquisition d'un patrimoine dans le long terme. Cette option correspond bien aux personnes sures de leur emploi et qui ne risquent pas de subir de mutation professionnelle. Si vous êtes dans l'incertitude concernant vos situation géographique il est préférable de rester locataire afin de conserver votre mobilité. Un bien immobilier que l'on doit revendre à la hâte peut être la cause d'une énorme perte d'argent.

L'achat d'une voiture ou son contrat en leasing dépend de votre situation personnelle. Un infirmier ou un commercial aura tout intérêt à avoir un véhicule neuf avec contrat de maintenance inclus en leasing au regard du nombre de kilomètres parcourus chaque année. Par contre un retraité ou une personne travaillant dans un périmètre restreint pourra acheter son véhicule pour le garder le plus longtemps possible.

7-Effectuer des achats groupés

Le principe des achats groupés est de faire baisser le coup de la facture en négociant un prix de gros avec le fournisseur.

Cela est particulièrement intéressant pour l'énergie (électricité, fuel) mais vous pouvez envisager d'effectuer des achats groupés dans d'autres secteurs tel que l'achat de fournitures scolaires pour les enfants.

En prenant l'habitude de faire appel à ce type d'achats, vous réaliserez des économies substantielles.

8-S'accorder des récompenses

Pour pouvoir conserver un comportement économe dans la durée et pour pouvoir le faire accepter éventuellement au reste de votre famille, il est important de mettre en place un système de récompense. Cela est valable également pour une personne célibataire qui souhaite faire des économies.

Réaliser des économies implique de renoncer à certaines dépenses courantes. Pour être réalisés dans la durée les efforts doivent être récompensés, faute de quoi un sentiment de frustration et d'austérité vous décourageront en pesant sur votre moral.

Si vous décidez de supprimer la consommation quotidienne d'un café en terrasse ou de ne manger plus qu'au bureau et non à l'extérieur le midi il faudra savoir vous accorder une récompense.

Vous pourrez faire la somme des économies réalisées grâce à vos efforts et en prélever un petit pourcentage pour investir dans l'achat d'un vêtement de bonne qualité qui durera longtemps ou en vous offrant une entrée au spa pour votre anniversaire.

De la même façon, si vous demandez à vos enfants de commencer une nouvelle année scolaire en utilisant le même cartable que l'année passée, vous devrez être capable de récompenser leurs efforts en leur offrant la possibilité de choisir un stylo ou un cahier de leur choix.

Les bonnes économies sont réalisées lorsqu'elles le sont dans la durée avec un bon état d'esprit. Il ne s'agit en aucun cas de devenir pingre et de renoncer à toute vie sociale ou de créer un sentiment d'amertume à votre égard dans votre famille.

9-Economiser sur les cadeaux

Les événements familiaux ou les cadeaux aux collègues sont souvent une source importante de dépenses. Par peur de décevoir il nous arrive parfois d'acheter à contrecœur des articles chers qui pourtant ne seront d'aucune utilité à la personne qui le recevra et qui le revendra parfois sur internet dans la demi-journée qui suit. Pour éviter les achats impulsifs liés à la pression sociale que sont les événements familiaux ou de travail, vous pouvez anticiper les achats.

Si vous le pouvez, créer vous-même vos cadeaux sera une source importante d'économie. En achetant un cadre et en imprimant vous-même une jolie photo ou en réalisant des calendriers avec photos vous réaliserez de belles économies.

Si vous avez des talents de que bricoleur vous pouvez offrir un objet recyclé acquis pour presque rien voir gratuitement sur un site de don en ligne. Une personne réalisant de la couture pourra offrir de jolis sachets de lavande bien présentés. Les personnes aimant la peinture pourront réaliser un tableau avec l'explication étymologique d'un prénom...En y réfléchissant un peu, nous avons tous des talents qui nous permettent d'offrir des cadeaux fait-maison. C'est l'intention qui compte.

Si en revanche vous ne pouvez pas faire autrement que d'acheter un cadeau à un neveu ou une nièce vous devrez penser à préparer vos achats à l'avance. Utiliser les soldes pour acheter au meilleur prix le cadeau de Noël de l'année suivante sans oublier de prendre en compte les centres d'intérêt de l'enfant vous permettra de réaliser des économies. Les prix des jouets flambent en décembre avant Noël. En prévoyant à l'avance ce type d'événements, vous éviterez des dépenses incontrôlées qui peuvent vous empêcher de réaliser la moindre épargne.

10-Créer vos propres emballages cadeaux et étiquettes

Les emballages et étiquettes cadeaux sont souvent une source de dépenses qui vient augmenter la note lorsque vous devez emballer le cadeau vous-même. Cela revient à devoir ajouter encore une poignée d'euros à la dépense déjà effectuée pour le cadeau.

Vous pouvez réaliser de très jolis emballages ou réutiliser tous les emballages que vous pouvez recevoir (nœuds, sacs, papier Craft…) et les customiser en y ajoutant des formes découpées à l'aide de gabarits (cœur, lapins, sapins, bonhommes de neige…).

Des collages d'images sur des boites à chaussures vous offriront de très beaux emballages à moindre coût.

11-Favoriser tout ce qui est réutilisable

Une source de gaspillage d'argent considérable est d'acheter sans cesse des articles jetables tels que les filtres à café ou dosette, l'essuie-tout, les lingettes nettoyantes pour le ménage ou les cosmétiques, les sacs de courses...

Au lieu de dépenser régulièrement dans ce genre d'objets qui sont en plus extrêmement polluants, vous pouvez tout simplement effectuer un achat d'objet réutilisable (filtre à café ou des dosettes réutilisables que vous remplissez vous-même, microfibres pour faire le ménage, des serviettes de table en tissu au lieu de serviettes en papier, lingettes textiles ou gant éponge à la place des lingettes jetables...).

La source d'économie à réaliser est conséquente.

12-Faire la liste de vos priorités

En réalisant une liste de vos priorités et en les classant suivant leur ordre d'importance, vous parviendrez à visualiser plus facilement la somme d'argent dont vous avez besoin pour mener à bien vos projets.

Si vos projets sont d'acheter une maison et que vous aussi envie de changer de voiture car celle-ci commence à vieillir mais aussi de partir en vacances au bord de la mer, vous aurez à hiérarchiser vos projets et déterminer la somme que vous pouvez y allouer.

Cela vous aidera à bien identifier les projets qui peuvent être réalisés et ceux qui devront être remis à plus tard. Vous pourrez ainsi véritablement concentrer vos efforts sur les projets les plus importants et vous consacrer à réaliser de l'épargne sur ces derniers.

Il est plus facile de réaliser un effort financier d'économie lorsque nous savons dans quel but nous fournissons cet effort.

13-Comparer les prix des assurances et des abonnements

Que ce soit pour l'assurance habitation ou des voitures, les prix peuvent varier considérablement d'un assureur à un autre.

Vous ne devez pas hésiter à demander des devis avant de souscrire à tout contrat car les assurances représentent un coût annuel important dans le budget d'un ménage.

De même faire jouer la concurrence au niveau des opérateurs téléphonique en révisant régulièrement votre contrat pour vérifier que vous ne pouvez pas trouver moins cher ailleurs vous permettra de trouver une autre source d'économie à réaliser.

14-Eviter d'utiliser les cartes de crédit

Même si elles peuvent parfois rendre service, les cartes de crédit sont à éviter autant que possible.

En plus de risquer de vous envoyer vers une spirale d'endettement si vous avez du mal à joindre les deux bouts, elle vous pousse à surconsommer en incitant à réaliser des actes d'achat que vous ne pouvez tout simplement pas vous permettre sur le moment car vos finances ne le permettent pas.

En partant du principe que l'on ne dépense que ce que l'on a, il est préférable de favoriser les cartes de paiement à débit immédiat.

15-Être patient

Effectuer des économies demande d'accepter que cela demandera du temps pour parvenir à épargner.

C'est en multipliant mois après mois une somme aussi petite puisse-t-elle vous paraitre certains mois que vous parviendrez à réaliser une épargne.

De même en prenant le temps de réfléchir avant de réaliser tout acte d'achat (voiture, cuisine, vêtements...) vous contrôlerez mieux votre budget.

Comparer avant d'acheter quoi que ce soit est une règle simple qui vous permet d'obtenir ce dont vous avez besoin au meilleur prix.

16-Savoir négocier

Peu de gens y pensent mais demander un rabais peut vous permettre de réaliser des économies dans la durée.

Si tous les commerçants n'acceptent pas de vous accorder un rabais, certains accepteront notamment sur les marchés (vers la fin des marchés). Les restaurateurs ou les marchands de vêtement, de jouets...peuvent accepter de vous accorder une faveur si vous osez demander.

Si vous faites de la négociation une pratique courante dans vos actes d'achats pour essayer d'arrondir à la baisse certains prix ou d'obtenir un deuxième article gratuitement vous pourrez réaliser des économies dans la durée.

Vous n'obtiendrez pas toujours ce que vous souhaiterez mais vous obtiendrez plus que si vous n'aviez rien demandé.

17-Fuir les tentations

Si vous avez un faible pour les bijoux ou les vêtements, il est préférable de ne pas vous rendre dans des centres commerciaux. Il est plus facile de succomber à la tentation lorsque l'on voit l'objet de son désir sous ses yeux que si on n'y pense pas.

Au lieu de succomber à une dépense que vous regretterez par la suite, il est préférable de l'inscrire sur votre liste de souhaits de récompense.

Pour épargner son argent, il faut fuir les endroits où il est facilement dépensé.

18-Eviter d'acheter des souvenirs de vacances

Lorsque vous incluez vos vacances dans votre budget, vous n'incluez souvent pas les petites dépenses annexes telles que les souvenirs de vacances que vous pouvez acheter pour vous-même ou pour les membres de votre famille.

Si ces cadeaux font plaisir sur le moment ils sont la plupart du temps complètement inutiles et viennent encombrer les logements de ceux qui les reçoivent.

Inviter les membres de votre famille à venir visionner vos photos de vacances chez vous en leur offrant un bon goûter leur fera plus plaisir que de recevoir un simple bien de consommation fabriquée en Chine.

Créer du lien avec les membres de votre famille ou vos amis est plus précieux que de leur offrir des objets qui alourdiront votre budget.

19-Fuir les vendeurs

La vente est un métier qui emploie des personnes payées pour vous inciter à dépenser votre argent.

Les vendeurs parfois payés à la commission et avec des objectifs de vente à atteindre sont prêts à tout pour vous convaincre d'acheter leur produit.

Que ce soient les compliments d'une vendeuse de vêtements ou la force de persuasion d'un vendeur de cuisines vous ne devez pas vous laisser influencer.

Un achat sous pression n'est pas un bon achat pour vous.

Un cuisiniste qui vous dira que les promotions se terminent pour vous encourager à signer un bon de commande le jour même ou une vendeuse qui vous dit que la chemise que vous avez essayée est la dernière dans ce coloris tente de vous mettre la pression.

20-Avoir un état d'esprit positif

Réaliser des économies implique d'avoir un état d'esprit positif.

Si vous partez battu d'avance en considérant que vous n'arriverez jamais à épargner de l'argent alors vous vous condamnerez car vous ne mettrez pas en œuvre les efforts nécessaires à la réalisation d'une épargne.

Même si vous gagnez peu, vous pouvez identifier des stratégies d'économies (utiliser le troc au lieu de dépenser, faire appel aux sites de dons en ligne pour récupérer des affaires dont certaines personnes ne veulent plus, réaliser vous-même vos produits ménagers...).

Maintes solutions existent pour tenter de réaliser une épargne en revendant les objets dont on n'a plus usage par exemple.

Un état d'esprit positif pour permettra d'être créatif pour identifier des sources d'économies à réaliser ou quelques idées pour gagner un peu plus d'argent en utilisant un de vos talents (louer vos appareils, garder des animaux...).

21-Favoriser les vacances à moindre coût

Si vous avez l'occasion de pouvoir poser des congés en dehors des mois d'été, vous pouvez privilégier les séjours de vacances hors saison qui sont toujours moins chers qu'en pleine saison.

Cela représentera une grosse source d'économie dans votre budget de vacances.

De même si vous avez la possibilité de vous rendre en vacances chez un membre de votre famille ou des amis que vous pouvez recevoir en retour par la suite, vous vous offrirez la possibilité d'avoir des vacances sans dépenser beaucoup d'argent. Vous pourrez même envisager les solutions de co-voiturage ou l'utilisation des lignes de bus à bas coût pour diminuer encore plus vos frais.

Une autre solution pour avoir des vacances à moindre coût consiste à échanger son logement avec une autre personne sur un site de mise en relation.

22-Utiliser le plan épargne entreprise

Si vous en avez la possibilité, effectuer des versements sur votre plan épargne entreprise vous permettra d'économiser de l'argent régulièrement.

En investissant vos sommes issues de l'intéressement, de la participation, les sommes issues du transfert d'autres plans d'épargne salariale (sauf le Perco), les sommes provenant d'un compte épargne temps, vous réaliserez de l'épargne année après année.

Si vous le souhaitez des versements volontaires (plafonnés chaque année civile au maximum 25 % de votre rémunération annuelle brute) peuvent vous permettre d'effectuer de mettre de l'argent de côté.

Les sommes versées sur le PEE peuvent être investies dans les actions de l'entreprise, dans des parts de Sicav ou dans des fonds communs de placement d'entreprise.

Les sommes investies dans le PEE sont bloquées pendant au moins 5 ans.

Toutefois, vous pouvez demander le déblocage anticipé des sommes dans certains cas (Mariage, conclusion d'un Pacs, naissance ou adoption d'un 3e enfant, divorce, séparation, dissolution d'un Pacs, avec la garde d'au moins un enfant, acquisition de la résidence principale, construction de la résidence principale, agrandissement de la résidence principale, remise en état de la résidence principale, invalidité (salarié, son époux(se) ou partenaire de Pacs, ses enfants), décès (salarié, son époux(se) ou partenaire de Pacs), rupture du contrat de travail, création ou reprise d'entreprise, surendettement).

23-Acheter les produits de marque distributeurs

En favorisant l'achat des produits de marque distributeur en faisant vos courses au supermarché, vous effectuerez des économies substantielles sur vos notes de course.

Tenant à leur réputation les enseignes de grande distribution mettent en vente dans leurs magasins des produits de bonne qualité.

Ces produits sont souvent fabriqués par les grandes marques qui les revendent sous un autre nom aux supermarchés.

24- Faire appel au co-voiturage

Que vous soyez salarié, retraité ou étudiant, le co-voiturage est une source d'économie énorme. Cela vous permettra de diminuer votre budget de déplacement en vous évitant des frais d'essence ou l'usure de votre véhicule.

Si vous possédez un véhicule et que vous envisager d'effectuer un trajet vous pouvez trouver des passagers qui moyennant une participation aux frais diminueront le coût de votre trajet.

25-Maîtriser ses factures téléphoniques

Un bon moyen d'effectuer une réduction de dépense est de supprimer une ligne téléphonique.

Il n'est pas utile de conserver une ligne fixe et une ligne de téléphone mobile en même temps.

Vous pouvez conserver uniquement celle qui vous sert le plus pour supprimer un abonnement inutile prélevé sur votre compte bancaire.

De même, bannir tout achat de sonneries ou jeux vendus chers vous permettra de réaliser des économies.

Avant les années 2000, les enfants n'étaient pas équipés de téléphone portable. Il n'est pas nécessaire qu'un enfant dispose d'un téléphone dont il ne maitrisera pas l'usage et la consommation.

En supprimant les abonnements téléphoniques des enfants de votre foyer, vous réaliserez des économies considérables. Si vous souhaitez quand même les équiper, il est vivement recommandé d'utiliser des forfaits bloqués pour éviter tout dépassement de forfait.

26-Payer ses factures et ses impôts à temps

Le retard de paiement des factures ou des impôts implique systématiquement des pénalités qui coûtent cher.

Pour éviter de devoir payer des pénalités, il est important de bien tenir ses comptes à jour en vérifiant chaque facture que vous recevez et la date limite de paiement. Il faut tenir à jour votre comptabilité ménagère.

Le prélèvement automatique peut vous inciter à ne pas vérifier vos factures car vous n'avez pas à vous en occuper directement.

Vous ne devez pas vous laisser surprendre par le montant d'une facture. Il est important de vérifier sa consommation d'électricité régulièrement sur votre compte Linky. Si vous vous rendez compte que vous consommez trop au regard de votre capacité à régler votre facture, vous pourrez ajuster votre consommation en évitant de chauffer toutes les pièces de votre maison en hiver par exemple. Idem pour vos forfaits de téléphonie. Pour ne pas vous laisser surprendre, veillez à surveiller votre consommation.

27-Aménager son jardin à moindres frais

Un proverbe chinois dit « Qui plante un jardin, plante le bonheur ».

Si le jardinage a des vertus apaisantes démontrées au niveau de la santé, c'est un loisir qui peut s'avérer très coûteux.

Les jardineries proposent des plantes magnifiques mais souvent hors de prix.

Si vous possédez un jardin et que vous souhaitez l'aménager à moindre frais vous pouvez participer aux vide-jardins qui sont organisés chaque année un peu partout en France au printemps. Ce sera l'occasion pour vous d'acquérir de nouvelles variétés de plantes à moindre frais et de pouvoir en échanger avec d'autres personnes qui créent des boutures de leurs plants ou qui ont des graines de fleurs.

Vous pouvez aussi échanger des plants avec vos voisins ou amis. Le jardinage est un excellent sujet de discussion pour lier des amitiés. Les sociétés d'horticulture sont également d'excellents endroits pour obtenir des conseils et rencontrer des personnes susceptibles de vous fournir des boutures à faible coût voir gratuitement.

28-Tirer parti de la nature

La nature est un moyen formidable de réaliser des économies.

Créer un potager où vous planterez tous les légumes de saison (poireaux, salades, carottes, courgettes, navets, haricots verts, blettes, radis, tomates, potirons, choux...) vous apportera une source de nourriture à moindre frais. Les vide-jardins seront un bon moyen de vous procurer des semis à moindre frais. Les surplus de légume peuvent être blanchis et congelés pour être consommés plus tard hors saison ou mis en bocaux (voir les procédures d'appertisation).

Vous pourrez également planter des herbes aromatiques très utiles en cuisine (persil, ciboulette, thym, menthe, cèleri-branche...). Les plants de rhubarbes poussent facilement et peuvent faire d'excellentes confitures et tartes. Les herbes aromatiques peuvent être facilement séchées et pourquoi pas revendues en sachet sur les marchés de Noël.

Si vous ne possédez pas de jardin vous pouvez si votre commune le propose louer une parcelle dans un jardin communal.

Si vous considérez que vous n'avez pas de temps pour cela, rappelez-vous du potager de vos grands-parents ou arrière grands-parents qui en plus de leur travail tenait leur potager.

Les récoltes dans la nature permettent de faire des économies et une sortie sans dépenser d'argent. La cueillette des mûres, le ramassage des noisettes, des châtaignes, des noix, des champignons sont un exemple des récoltes que vous pouvez effectuer. Veillez cependant à faire examiner vos champignons dans une pharmacie avant de les consommer pour vérifier que ce sont des champignons comestibles. Certaines espèces sont très dangereuses voire mortelles.

Si vous vivez en bord de mer, vous pourrez prendre l'habitude d'aller pêcher (moules de mer sur les rochers, bigorneaux, coques, palourdes, couteaux...) en respectant les réglementations pour préserver les ressources (taille minimale de ramassage des coquillages, quantité par pêche, remettre les rochers en place après les avoir déplacés pour respecter l'écosystème...).

Tirer parti de la nature permet de réaliser des économies très importantes. En plus de vous nourrir sans avoir à dépenser d'argent, elle vous offre une activité de loisir gratuite et un bienfait pour le repos de l'esprit. Pendant que vous passez du temps dans la nature, vous ne pensez pas à dépenser votre argent dans la société de consommation.

29-Faire une liste de courses

Combien de fois n'êtes-vous pas ressorti du supermarché avec une grosse note alors que vous y êtes allé seulement pour quelques articles ?

Les supermarchés sont des lieux très étudiés pour inciter le consommateur à suivre un parcours spécifique dans le magasin pour qu'il y reste le plus longtemps possible et donc qu'il dépense le plus d'argent possible.

Pour éviter de vous retrouver à dépenser plus d'argent que prévu, il est préférable d'effectuer une liste des achats à effectuer avant de vous rendre au supermarché et de vous y tenir.

Au fur et à mesure que vous rayerez les articles vous réaliserez que la plupart des autres articles que vous auriez acheté sans avoir votre liste aurait été superflue.

Pensez à manger avant de faire vos courses. Il est tentant d'acheter plus lorsque l'on fait ses courses la faim au ventre.

Si vous faites des courses avec des enfants, expliquez-leur avant d'aller au magasin que vous n'achèterez que ce qui est écrit sur la liste et rien d'autres. Les enfants ont besoin d'être préparés à l'avance. Ils pourront prendre plaisir à aller chercher dans les rayons les articles qui sont à acheter.

Même si les plats industriels ont leur utilité pour dépanner de temps en temps lorsque l'on manque de temps ou que l'on revient de vacances et que le frigo est vide, ils sont à éviter au maximum.

Les aliments de base que vous transformez vous-même sont bien moins chers que les produits industriels.

En achetant des fruits et légumes de saison exclusivement, du riz, des pâtes, du poisson, de la viande que vous cuisinerez vous-même, vous économiserez de l'argent.

Les plats familiaux tels que les ragouts, blanquettes, potées de choux, gratins de choux fleur, riz au lait, crêpes, tajines, couscous sont des plats faciles à cuisiner et très économiques si vous favorisez les légumes de saison.

Moins cher et bien meilleur pour la santé les plats cuisinés à la maison peuvent être envoyés sur le lieu de travail de tous les membres de la famille dans des boites isotherme et congelés.

31-Entretenir ses biens

Une excellente source d'économie consister à bien prendre soin de toutes ses biens au quotidien.

La meilleure façon de ne pas dépenser d'argent est de conserver ses affaires le plus longtemps possible.

Les vêtements se conserveront plus longtemps si vous les mettez à l'envers au moment du lavage et que vous les séchez sur l'envers.

Cela limitera l'apparition de bouloches et la décoloration liée au soleil.

Cirer ses chaussures vous permettra de bien nourrir le cuir.

Lorsque vous tâchez un habit ou un textile, si vous prenez le temps de détacher rapidement la tâche avec du savon de Marseille avant qu'elle ne s'incruste, vous conserverez votre vêtement plus longtemps.

Les appareils électroménagers bien entretenus se conserveront plus longtemps. Détartrer régulièrement sa bouilloire électrique, sa cafetière et sa machine à laver en y introduisant un peu de vinaigre ménager vous permettra d'allonger la durée de vie de vos appareils.

Si vous avez un logement très exposé au soleil à certaines heures vous pourrez fermer rideaux ou volets pour éviter de voir vos murs tapis ou canapé décolorer.

Une voiture bien entretenue qui a des vidanges et des filtres changés régulièrement durera plus longtemps qu'une voiture à l'entretien négligé.

Dégivrer régulièrement votre congélateur diminuera votre consommation d'électricité et vous permettra de faire le point sur vos stocks de nourriture.

Prendre soin de ses affaires vous limitera le renouvellement d'appareils couteux.

31-Etablir des objectifs réalistes

Pour pouvoir réaliser de l'épargne, il est important de se fixer des objectifs réalistes qui peuvent être tenus.

Cela signifie que si vous souhaitez économiser 15000 € par an alors que vous en gagner moins de 30000 € par an, vous ne pourrez pas atteindre vos objectifs.

Par contre, si vous établissez un objectif réaliste vous parviendrez à mettre de l'argent de côté en multipliant les sources d'économie que vous pouvez réaliser à tous les niveaux.

Les coupons de réduction que l'on peut trouver au dos des tickets de caisse pour effectuer une vidange en concession automobile, changer des pneus ou aller chez le coiffeur sont un bon moyen de réaliser quelques économies.

Les bons de réduction offerts par certaines marques peuvent être intéressants à condition d'avoir vraiment besoin du produit en question. Il ne faut pas acheter le produit seulement parce qu'il dispose d'un bon de réduction ou cela vous fera effectuer un achat superflu. Il faut que le produit soit inscrit sur votre liste de courses.

33-Renégocier son prêt immobilier

Avec des taux d'intérêts historiquement bas, il est intéressant de renégocier son prêt immobilier.

La renégociation d'un prêt immobilier est un levier important pour réaliser des économies et augmenter votre capacité d'épargner. Il ne faut pas hésiter à contacter votre banquier pour en discuter.

L'économie à réaliser est substantielle et vous faire économiser plusieurs milliers d'euros sur la durée totale de votre crédit.

34-Apprendre la comptabilité ménagère

L'apprentissage de la comptabilité ménagère est un enseignement fondamental qui devrait être enseigné à tous.

En tenant une comptabilité ménagère avec un cahier ou un fichier Excel qui répertorie toutes vos entrées et vos dépenses d'argent, vous gérerez vos finances plus sainement.

Vous serez en mesure d'identifier précisément les plus gros postes de dépense dans votre budget, de savoir combien d'argent vous dépensez en nourriture chaque mois, en vêtements...

Cela vous aidera à ajuster vos comportements d'achat en allant peut être moins souvent au supermarché pour dépenser moins d'argent.

35-Faire ses courses avec des billets de banque

Une bonne manière de limiter ses dépenses et de réussir à se constituer une épargne consiste à utiliser des espèces pour payer vos courses et autres achats divers.

Utiliser des billets de banque pour faire ses courses incite à effectuer moins d'achats et à se concentrer sur l'essentiel car vous craindrez de ne pas avoir suffisamment d'argent avec vous pour payer vos achats une fois arrivé en caisse.

En évitant l'usage de la carte bancaire ou des applications mobiles pour payer vos achats vous matérialiserez plus facilement vos dépenses ce qui vous fera réfléchir avant d'effectuer un acte d'achat. Vous éviterez ainsi de vous laisser tenter par les lots ou les achats imprévus ne figurant pas sur la liste de courses.

36-Mettre sa monnaie dans une tirelire

En récupérant votre monnaie et en la mettant à chaque fois dans votre tirelire en rentrant des courses, vous parviendrez sur une année à constituer une petite épargne pour vous offrir des vacances ou pour envoyer cette somme à la banque.

La tirelire qui se remplit au fil des semaines et des mois est un bon moyen de persévérer pour se constituer une épargne. Rien de tel que d'avoir un petit cochon pour se rappeler que chacun de nos efforts pour dépenser moins est utile.

37-Supprimer l'utilisation des cartes de crédit à débit différé

Les cartes de crédit à débit différé sont un outil qui peut parfois s'avérer pratique mais qui est coûteux si vous comptabilisez les frais que cela représente sur une année.

Il est donc préférable de s'en passer dans la mesure du possible au profit d'une carte à débit immédiat dans une banque en ligne qui offre la carte et de ne pas utiliser le découvert utilisé par votre banque.

Il vaut mieux renoncer à des achats que d'utiliser un système qui en bout de course ne fera que vous mettre plus de pression sur les épaules. En ne dépensant que ce que vous pouvez et avez-vous commencerez à économiser de l'argent sur vos frais bancaires.

38-Supprimer vos mauvaises habitudes

Les mauvaises habitudes sont parfois la source de dépenses incontrôlées. Le fait de s'ennuyer, de se sentir triste, déprimé, seul ou surexcité peut mener à effectuer des achats imprévus alors même que vous ne disposez pas de l'argent nécessaire.

Acheter un vêtement ou aller chez le coiffeur parce que l'on est déprimé est fréquent. Si vous souhaitez réaliser de l'épargne alors vous devrez identifier les moments où vous êtes le plus vulnérable afin d'éviter ce genre de situations.

Si vous parvenez à identifier les moments où vos émotions influencent votre comportement d'achat, vous pourrez éviter de vous rendre dans un centre commercial ou de visiter des sites web marchands.

39-Choisir le bon moment pour effectuer vos achats

Des études ont prouvé que le fait de faire ses courses lorsque l'on a faim, que l'on est fatigué ou stressé impacte directement notre comportement d'achat.

Il est recommandé de bien manger avant d'aller faire ses courses afin d'éviter les achats impulsifs inconsidérés.

En mangeant avant d'aller faire vos courses vous parviendrez plus facilement à vous tenir tout simplement au contenu de votre liste de courses. Vous éviterez de vous laisser alléché par l'odeur des viennoiseries provenant du rayon boulangerie ou l'odeur du poulet braisé.

Se faire plaisir est une bonne chose si cela est votre décision et non le résultat de manipulations de stratégies marketing des centres commerciaux.

Il est important de vérifier vos factures et tickets de caisse pour y déceler les potentielles erreurs.

Il est plus fréquent que ce que l'on pense de découvrir une différence entre le prix payé et le prix affiché. Il est important de toujours réclamer votre ticket de caisse ou votre facture.

Si la somme n'est jamais très importante il est important de vous faire rembourser la différence en vous rendant à la caisse centrale. Si vous ne réclamez jamais votre argent les petits montants qui sont en votre défaveur peuvent s'accumuler au fil des années et finir par représenter des dizaines d'euros qui seront bien mieux sur votre compte d'épargne.

La vérification de factures est aussi importante pour vérifier que des objets ou prestations non réalisées vous soient facturées.

En vérifiant le détail de vos dépenses vous assurerez de ne payer que ce que vous devez et rien d'autre.

41-S'organiser pour éviter les agios

Les agios liés à l'utilisation de votre capacité de découvert sont une source de dépense importante qui vous empêchent de constituer de l'épargne.

En vous organisant de manière à ce que vos prélèvements automatiques soient réglés en temps et en heure et en évitant d'utiliser votre découvert pour effectuer des achats liés à des biens de consommation qui ne sont pas essentiels, vous augmenterez graduellement votre capacité à épargner.

En évitant d'utiliser votre découvert autorisé vous initierez un cercle vertueux. Vous renoncerez certes à certains achats mais vous réaliserez par la suite que certaines dépenses de votre quotidien n'avaient rien d'essentiel. En évitant de payer les restaurants, les séquences chez l'esthéticienne avec votre capacité de découvert, vous vous mettrez à dépenser moins et à épargner.

42-Entretenir votre voiture et adopter l'écoconduite

Même si les dépenses liées aux voitures sont coûteuses, il revient à moins cher d'effectuer régulièrement la révision de son véhicule que d'effectuer des réparations plus coûteuses par la suite liées à une négligence de l'entretien.

Changer de véhiculer est bien plus coûteux que de l'entretenir. En l'entretenant bien vous augmenterez vos chances de le conserver longtemps et en bon état.

De même en gonflant régulièrement vos pneus tous les mois, vous réaliserez des économies de carburant.

L'écoconduite qui consiste à anticiper les ralentissements et à éviter les accélérations brutales vous permettra également de réaliser des économies importantes sur votre consommation de carburant.

43-Eviter d'emprunter de l'argent

Sauf urgence absolue pour acheter un véhicule neuf ou faire changer la chaudière qui vient de rendre l'âme, vous devrez éviter de faire appel aux organismes de crédit pour les dépenses de loisir comme les vacances, les cadeaux des enfants...

Aussi attractifs qu'ils puissent l'être les taux d'emprunt n'en demeurent pas moins une source de dépense et donc une diminution de votre capacité d'épargne.

44-Réparer plutôt que remplacer

Si votre logement a vieilli et que la décoration a besoin d'un coup de frais vous pouvez tout simplement repeindre vous-même certains meubles qui coûtent chers.

Les meubles de cuisine peuvent être repeints au lieu d'être changés. Les poignées et charnières peuvent être elles aussi changées à moindre coût.

Le carrelage démodé de la salle de bain peut quant à lui être repeint ou recouvert d'un lambris en pvc plutôt que de tout refaire

Recouvrir votre canapé d'une housse neuve au lieu d'en racheter un neuf vous permettra de réaliser des économies.

La décoration est un poste de dépense coûteux si vous devez tout acheter neuf. Avant de jeter un appareil électroménager renseignez-vous sur la possibilité de le réparer. Certaines machines à laver ou lave-vaisselles ne fonctionnent plus parfois à cause d'un simple filtre bouché.

45-Préparer vos menus pour la semaine

En préparant vos menus à l'avance pour votre semaine vous réalisez des économies en achetant que ce dont vous avez besoin pour réaliser vos plats.

Vous éviterez d'acheter inutilement certaines denrées qui finiront à la poubelle après avoir été oubliées au fond du réfrigérateur. Vous pourrez réaliser des cuissons groupées pour certains menus utilisant les mêmes ingrédients comme les légumes par exemple qui peuvent être cuits en grosse quantité à l'auto cuiseur.

46-Utiliser les comparateurs de prix

Les applications et sites permettant de comparer les prix peuvent vous aider à économiser de l'argent. Cela vous aidera à identifier les différences de tarifs pour un même produit dans plusieurs magasins.

Vous pourrez comparer les prix des assurances santé ou voiture.

Les sites de comparaison de prix pour les voyages peuvent être utilisés mais attention aux surfacturations au moment du paiement. Il reste préférable d'acheter ses billets sur le site d'une compagnie aérienne directement.

47-Eviter d'acheter les médicaments en libre-service

Au lieu de vous rendre en pharmacie et de dépenser en médicaments coûteux, pensez à demander à votre médecin de vous prescrire du paracétamol la prochaine fois que vous le verrez.

De même, tous les achats de cachets de vitamines ou autres compléments alimentaires pour perdre du poids seront à éviter.

Si les gens aiment à utiliser ce type de produits en automédication ils sont souvent peu efficaces et coûteux. Rien ne remplace une alimentation saine et équilibrée riche en fruits et légumes contenant des vitamines et vous évitant de prendre du poids.

48-Prendre soin de votre santé

Les problèmes de santé coûtent cher. Il faut donc mieux prévenir que guérir comme l'indique l'adage.

Effectuer une à deux visites de contrôle chez son dentiste chaque année vous évitera des frais dentaires couteux. Il est préférable de soigner une carie en quelques minutes que de devoir poser un implant causé par une négligence de votre santé pendant des années.

Prendre soin de vos oreilles en évitant d'écouter de la musique trop fort vous évitera de devoir vous équiper d'appareils de correction auditive très coûteux trop tôt.

Si toutes les pathologies ne peuvent pas être évitées, vous aurez tout de même le pouvoir de vous maintenir en bonne santé en faisant du sport, en mangeant sainement et en faisant des visites de contrôle régulièrement chez votre médecin.

De plus en plus de médicaments sont déremboursés. Il est préférable de travailler sur votre état de santé général de manière préventive que curative.

49-Entretenir vos biens immobiliers

En effectuant les maintenances, peintures, nettoyage...vous augmenterez la durée de vie de vos appareils et vous vous éviterez des dépenses bien plus coûteuses.

En nettoyant régulièrement les murs de votre maison en enlevant mousses et autres salissures qui s'accumulent, vous retarderez le ravalement de votre façade de quelques années.

De même en entretenant votre jardin par des tontes régulières vous éviterez d'énormes dépenses en frais de jardinier le jour où vous devrez faire débroussailler votre terrain.

Vous devez garder à l'esprit qu'un bien immobilier entretenu en bon état représente l'opportunité de réaliser une plus-value potentielle en cas de revente. En faisant preuve de rigueur au quotidien pour l'entretien de vos biens vous adopterez un comportement positif source d'économie.

50-Etre payé pour vos sorties

Chaque sortie coûte de l'argent.

Ainsi si vous souhaitez tout de même vous faire plaisir, vous pouvez envisager de devenir visiteur mystère (mystery shopper). Cela vous permettra de profiter de prestations (coiffure), de sorties remboursées au restaurant, à l'hôtel...

En contrepartie d'un rapport que vous remplirez et de quelques photos vous pourrez bénéficier de services gratuits. C'est une bonne manière de se faire plaisir sans dépenser d'argent pour vos loisirs.

51-Mettre la famille sur la même longueur d'ondes

Si vous êtes marié, que vous vivez avec des enfants, des parents...vous ne devez pas hésiter à fédérer tout le monde autour de la nécessité d'effectuer des économies.

Pour effectuer de l'épargne il faut que tout le monde agisse dans le même sens que vous en éteignant les lumières, multiprises en évitant de laisser couler l'eau en se brossant les dents, en évitant les factures de téléphones onéreuses...

Il n'y a pas de honte à expliquer à un enfant pourquoi lui aussi doit faire des efforts dans la famille ou de dire à son conjoint qu'il ne doit pas dépasser le budget vêtement annuel. L'argent est l'affaire de tous les membres d'une famille. L'équilibre d'un budget ne doit pas reposer sur une même personne mais sur les efforts de tous. Il ne faut donc pas hésiter à fédérer vos troupes !

52-Utiliser un logiciel de comptabilité familiale pour tenir vos comptes

L'utilisation d'un logiciel de comptabilité familiale vous aidera à identifier les postes les plus coûteux dans vos dépenses et vous aidera à comparer vos dépenses dans le temps.

Cela pourra vous aider à identifier les postes sur lesquels vous pouvez éventuellement réaliser des économies et sur quels points vous et votre famille devrez concentrer vos efforts.

53-Apprécier les plaisirs simples plutôt que matériels

Les loisirs sont une source de dépense souvent coûteuses. Les parcs d'attraction ou les sorties à la patinoire, au cinéma sont coûteux. Il n'est pas question de tout supprimer mais de penser à introduire dans votre quotidien les plaisirs simples gratuits tels qu'une sortie au parc, au bord d'un lac et de pique-niquer au grand air.

Le bonheur ne s'achète pas. En prenant le temps de profiter des plaisirs simples de la vie, vous vous éloignerez des besoins créés par la société de consommation.

Vous réaliserez petit à petit que les meilleurs moments que vous passez sont ceux où vous ne dépensez pas d'argent.

54-Enregistrer les films plutôt que de payer pour les voir

Attendre que les films passent gratuitement à la télévision et les enregistrer est un bon moyen d'effectuer des économies substantielles.

Vous pouvez organiser de super soirées cinéma chez vous en passant un film enregistré et en préparant du popcorn et du soda. Le succès est garanti auprès des enfants. N'hésitez pas à leur dire qu'avec les économies réalisées vous économisez pour partir à la mer l'été prochain. Les enfants comprennent les choses lorsqu'elles sont bien expliquées.

55-Utiliser la webcam plutôt que le téléphone

Les forfaits téléphoniques sont coûteux. Vous pouvez vous contenter d'une connexion internet et d'utiliser les logiciels comme Skype pour contacter les proches ou amis vivant loin de chez vous. Les applications comme Skype permettent d'avoir une bonne connexion sur smartphone ou sur ordinateur.

56-Congeler les aliments

Si vous tombez sur une excellente promotion sur la viande ou le poisson vous pouvez acheter en grosse quantité et la congeler.

Cela vous permettra d'effectuer des économies substantielles sur plusieurs semaines voire plusieurs mois.

Vous pouvez aussi cuisiner et congeler à l'avance des plats cuisinés (quiche, blanquettes, paellas, coucous...) ce qui vous fera gagner beaucoup de temps et d'argent.

57-Arrêter de fumer

Si vous êtes fumeur un moyen radical d'économiser de l'argent est tout simplement d'arrêter de fumer. Les économies seront conséquences et les effets sur votre capacité d'épargne immédiats.

58-Effectuer ses achats au moment des soldes

Après Noël ou au moment des soldes les habits, les jouets sont moins chers.

C'est le bon moment pour anticiper les achats plusieurs mois à l'avance pour éviter de payer le prix fort. Vous pouvez acheter bien moins cher les cadeaux d'anniversaire ou de Noël que vous avez à effectuer.

59-Prendre conscience du succès de vos actions

Pour constituer de l'épargne dans la durée, il est important de pouvoir observer vos succès en réalisant la liste des actions que vous avez menées pour épargner et en notant les succès qui y sont liés.

Vous pouvez noter le montant des économies réalisées sur un mois en préparant vos menus à l'avance et en respectant votre liste de courses au supermarché.

60-Faire ses achats dans les magasins usine et de déstockage

En effectuant des achats dans les magasins usine vous pourrez bénéficier de prix avantageux sur des articles de qualité. Si vous vous y rendez uniquement lorsque vous en avez besoin, vous pourrez réaliser des économies substantielles sur des vêtements, chaussures, articles de bricolage...

61-S'offrir des petits plaisirs

Si vous voulez réussir à effectuer de l'épargne dans la durée, vous devez pouvoir continuer à vous offrir de petits plaisirs.

En effet, si vous adopter une politique d'épargne trop sévère, vous vous découragerez rapidement.

Il faut savoir vous accorder des récompenses en continuant à vous offrir des articles que vous aimez comme votre marque de shampoing préféré ou votre marque de chocolat favorite.

62-Mettre en place un système de troc

Offrir de son temps pour garder des enfants en échange de travaux de jardinage ou d'un coup de main pour un déménagement pourra vous faire économiser énormément d'argent.

De même si vous avez besoin d'acquérir un nouvel équipement, vous ne devez pas hésiter à regarder dans votre grenier ou votre cave pour voir si vous ne pouvez pas échanger un objet dont vous n'avez plus besoin. Les sites web de troc sont un excellent outil pour vous rendre service sans avoir à débourser d'argent.

63-Etablir un budget

Le meilleur moyen de parvenir à réaliser des économies est de préparer un budget qui mettra en évidence les dépenses incompressibles que vous devrez effectuer c'est-à-dire celles que vous ne pouvez absolument pas éviter (assurance, frais de chauffage, factures d'internet...) et les dépenses qui peuvent être contrôlées (nourriture, vêtements...). En établissant un budget chaque semaine et chaque mois, vous saurez quelles sont les limites à respecter pour ne pas être dans le rouge. Ainsi, lorsque vous ferez vos courses, vous garderez à l'esprit que votre budget ne doit pas être dépassé. Cela vous aidera à éviter d'utiliser votre autorisation de découvert et de vous en rendre compte uniquement une fois rentré chez vous.

64-Fixer des objectifs en les écrivant

Pour pouvoir constituer une épargne il est important de se fixer des objectifs à court, moyen et long terme afin de savoir pourquoi vous fournissez des efforts.

Si votre objectif est de constituer une épargne en vue d'acquérir un bien immobilier ou de constituer une rente pour la retraite, il est important de le noter sur une feuille de papier et de préciser la somme que vous devez parvenir à économiser chaque mois pour financer votre projet.

En formulant clairement vos objectifs, vous prendrez un engagement avec vous-même ce qui vous motivera. Vous ne devez pas hésiter à consulter cette feuille régulièrement et pourquoi pas à afficher une photo de la maison idéale sur votre réfrigérateur.

65-Rester flexible

Les imprévus de la vie peuvent vous mener à des dépenses exceptionnelles non planifiées. Si certains mois vous ne parvenez pas à réaliser le montant d'épargne souhaité vous devrez être indulgent envers vous-même pour éviter le découragement. Le plus important est de parvenir à restaurer vos efforts d'épargne dès le mois suivant.

66-Rembourser vos dettes

Les emprunts sont coûteux et plombent votre capacité d'épargne.

Pour pouvoir commencer à épargner, vous devrez d'abord commencer à assainir vos finances en éliminant les crédits que vous avez à rembourser.

En commençant à rembourser le crédit qui vous coûte le plus d'argent puis les autres si vous en avez, vous pourrez repartir du bon pied.

Il conviendra d'éviter de vous endetter à nouveau pour acheter des biens de consommation tels que des meubles. En favorisant les achats d'occasion vous réaliserez des économies substantielles.

67-Privilégier les formules buffet

Pour éviter les mauvaises surprises lorsque vous sortez au restaurant en payant des plats à la carte vous pouvez favoriser les formules buffet permettant de se resservir à volonté.

Si vous invitez plusieurs personnes vous garderez le contrôle sur la somme totale dépensée et vos invités seront ravis de pouvoir se servir à volonté.

68-Economiser sur les frais de coiffure

Les frais de coiffure représentent un poste important de dépense dans le budget des ménages. Selon le nombre de personnes dans le foyer ce poste de dépense peut représenter jusqu'à plusieurs centaines d'euros pas par an.

Que vous viviez seul ou en famille, le montant annuel dépensé chez le coiffeur représente une somme importante que vous pouvez réduire.

Les écoles de coiffure sont souvent à la recherche de modèles pour permettre de former leurs élèves en proposant des coupes à moindres frais.

Les coiffeurs se déplaçant à domicile proposent généralement des prestations qui sont moins chères qu'en salon car ils n'ont pas les frais de locaux à amortir. Vous pouvez négocier un prix si le coiffeur se déplace pour coiffer plusieurs personnes de votre famille en même temps.

Si vous avez le coup de main, investir dans une tondeuse à cheveux sera un bon investissement pour économiser sur la coupe de cheveux de vos proches.

69-Prendre le bus plutôt que le train ou l'avion

La création de lignes de bus recouvrant une bonne partie du territoire est une opportunité à saisir pour économiser de l'argent.

Si vous ou un membre de votre famille doit voyager, le bus est un mode de transport à privilégier car il est bien moins onéreux que le train ou l'avion.

Vous économiserez des dizaines d'euros pour chaque trajet.

70-Profiter des vraies promotions

Si certaines promotions affichées au supermarché n'ont rien d'avantageux certaines sont en revanche très intéressantes.

Si vous trouvez une promotion sur un lot de dentifrice ou shampoing que vous pouvez en profiter afin de diminuer le poste de dépense lié à l'hygiène dans votre budget.

Certes vous dépenserez un peu plus au moment de passer en caisse, mais l'économie sur une année sera importante. Si votre budget le permet, vous ne devez donc pas hésiter à stocker les produits non périssables que vous utiliserez.

Les articles de mode proposés dans les magasins de vêtements peuvent parfois nous tenter. Nous les trouvons jolis sur le mannequin et nous sommes tentés par un achat plaisir. Toutefois, si nous y réfléchissons bien, ce genre d'achats plaisirs finit souvent au fond de notre dressing car le vêtement en question est mal assorti aux autres vêtements que nous possédons ou parce que nous ne le trouvons pas confortable, qu'il froisse trop facilement...

Pour éviter les achats inutiles et coûteux, il est préférable de favoriser l'achat de vêtements classiques de bonne qualité aux couleurs basiques. Vous conserverez ces habits plusieurs années et ils s'accorderont avec tous vos vêtements.

Si vous souhaitez être à la mode vous pouvez jouer sur l'utilisation d'accessoires (foulards, sacs, bijoux) pour agrémenter vos tenues.

72-Favoriser les distractions gratuites

La vie associative permet de vous distraire sans dépenser d'argent. Que ce soit en participant à une soirée dans un café lecture, une conférence à la médiathèque de votre ville ou une marche organisée par une association sportive de votre quartier les opportunités de vous distraire sont nombreuses. Les amicales laïques ou les centres d'action sociale proposent également de multiples activités tout au long de l'année pour les adultes ou les enfants (ateliers cuisine, musique, jeux de société, jardinage...).

73-Favoriser les remèdes maison

Avant de vous rendre chez le médecin pour un simple rhume et de payer une consultation qui ne sera pas complètement remboursée vous pouvez vous soigner vous-même en vous couvrant bien et en mangeant des potages chauds, des infusions au thym et au miel.

Les lavages de nez à l'eau de mer en spray seront tout aussi efficaces.

74-Mettre fin à vos abonnements

Les abonnements aux magazines, journaux ou boîtes surprises sont coûteux.

En mettant fin aux abonnements que vous avez-vous parviendrez à économiser une somme substantielle sur une année.

75-Limiter vos trajets et favoriser le covoiturage

Le carburant est un poste de dépense de plus en plus important dans le budget des ménages.

Pour économiser de l'argent vous pouvez anticiper les trajets à réaliser afin d'éviter les trajets inutiles.

Ainsi vous pourrez utiliser un déplacement pour plusieurs actions (faire les courses et aller chez le dentiste le même jour…).

Le covoiturage est une autre source d'économie importante pour vous rendre au travail ou pour envoyer les enfants à l'école, partir en vacances. Si vous devez vous déplacer en dehors de votre ville, pensez à vous inscrire sur un site de covoiturage pour amortir vos frais de carburant.

76-Utiliser votre passe-temps pour en faire de l'argent

Si vous avez une passion pour la peinture, la couture ou que vous aimez beaucoup les enfants vous pouvez gagner de l'argent en donnant des cours de soutien scolaire, d'informatique ou en vendant vos vêtements, sacs, tableaux...

Vous ne devez pas sous-estimer vos talents. Chaque personne est douée pour quelque chose et est capable d'en tirer parti pour améliorer sa situation financière.

77-Recycler

Le recyclage est un moyen de réaliser des économies substantielles. Nous avons tous chez nous des objets dont nous ne nous servons pas ou très peu.

Il est possible de les utiliser afin de ne pas dépenser d'argent pour faire un cadeau. En nettoyant un vieux panier et en le faisant briller à nouveau vous pourrez constituer un joli panier garni à offrir.

Vous pouvez conserver les échantillons de parfum, crème, crayons, porte-clés que vous recevez et former une jolie pochette surprise à offrir. Il arrive de recevoir des produits gratuits lorsque l'on commande sur un site de vente à distance (cosmétiques, vêtement, sac...). Ce cadeau peut être mis de côté et offert le jour où vous en avez besoin.

Si vous jardinez vous pouvez bouturer les plants que vous possédez et offrir une jolie composition à quelqu'un en la mettant dans une boite de conserve customisée, des sachets de lavande séchée...

Il existe mille et une façon de réutiliser ce que vous avez chez vous pour éviter de dépenser de l'argent en cadeaux.

Conserver les nœuds et rubans des emballages cadeaux que vous recevez est une manière d'économiser des dépenses.

Vous pourrez les réutilisez le jour où vous avez un cadeau à faire à quelqu'un.

78-Faire ses achats en ligne

Les plateformes de commerce en ligne proposent de nombreuses opportunités de réaliser des économies substantielles.

Certaines promotions peuvent permettre d'économiser beaucoup d'argent en proposant de très grosses promotions et en offrant quelquefois des frais de livraison offerts.

En comparant les prix vous parviendrez à acquérir l'objet dont vous avez besoin au meilleur prix.

N'hésitez pas à anticiper les achats de cadeaux de Noël au moment de ces promotions.

79-S'équiper en utilisant les sites de dons en ligne

Un excellent moyen d'économiser de l'argent consiste à obtenir gratuitement les objets dont vous avez besoin sans avoir à les acheter. Si vous êtes à la recherche d'un meuble ou d'un appareil électro-ménager vous pouvez visiter les sites web de dons en ligne.

Certains particuliers désireux de se séparer d'objets dont ils n'ont plus besoin les offrent gracieusement.

Ce mode de consommation vous permettra de réaliser de très grosses économies surtout si vous emménagez quelque part pour la première fois.

80-Faire la différence entre vouloir et avoir besoin

Si en zappant sur les chaines de télé shopping vous vous retrouvez à admirer le dernier accessoire de cuisine à la mode, vous pouvez vous poser la question sur la légitimité de votre achat.

Vous avez envie de l'acheter mais en avez-vous réellement besoin ?

Une bonne manière de réaliser des économies consister à faire le tri entre ce que vous voulez et ce dont vous avez réellement besoin.

Le meilleur moyen pour vérifier que votre achat n'est pas un simple achat plaisir est d'attendre au moins un mois avant de l'acheter.

Si vous oubliez l'objet en question, c'est que vous n'en n'avez pas vraiment besoin.

Cela est valable pour toutes les visites dans les foires expositions, les braderies, durant les soldes.

Une bonne affaire est un achat au meilleur prix d'un article dont vous aurez véritablement usage. Les achats coups de cœur sont à proscrire au maximum car ils sont basés sur l'urgence de la satisfaction et sur la peur de manquer une opportunité. Or, cette opportunité est créée en votre nom par les vendeurs qui savent créer ce manque chez vous.

81-Acheter ses vêtements uniquement au moment des promotions

Pour économiser de l'argent la règle est de ne jamais rien payer au prix fort. L'achat de vêtements est un poste de dépenses qui coûte très cher.

Si vous vous organisez suffisamment pour acheter le prochain manteau d'hiver de chaque membre de la famille au moment des soldes ou promotions alors vous réaliserez des économies substantielles.

Avec un minimum d'organisation en faisant le tri dans vos affaires, vous pourrez acheter de nouveaux habits à moindre coût au meilleur moment de l'année.

82-Bien isoler son logement

L'isolation de son logement est primordiale pour économiser de l'argent.

Vous aurez beau faire attention à votre consommation de chauffage, si votre logement est une passoire énergétique, vous gaspillerez de l'argent.

En vérifiant l'état de vos fenêtres, portes et l'isolation de votre toiture vous pourrez réaliser des économies.

N'hésitez pas à vous renseigner auprès de votre ADIL (Agence départementale d'information sur le logement) sur les dispositifs permettant d'obtenir l'isolation à 1 € de votre bien. Vous obtiendrez de précieux conseils.

Evitez en revanche d'écouter les prospecteurs vous téléphonant à votre domicile qui tenteront de vous vendre des prestations d'isolation hors de prix ! Vous ne devez pas vous laisser forcer la main par des vendeurs dont l'unique intérêt est de vous vendre leurs prestations.

83-Revendre ce que vous n'utilisez plus

Il est inutile de garder entassé dans votre grenier les objets que vous n'utilisez plus.

Dans une entreprise les stocks coûtent de l'argent. C'est pareil pour vous. Vous devez considérer votre foyer comme une entreprise à rentabiliser pour éviter de laisser du capital (vos objets inutiles) inexploité.

Les jouets que vos enfants n'utilisent plus, les vêtements de bébé, le matériel de puériculture, les livres ou les meubles que vous ne savez plus où entreposez doivent être revendus. Vous pouvez proposer de vendre vos articles sur les sites d'annonces gratuits ou des applications, des vide-greniers, des magasins de dépôts-vente.

84-Fermer les portes à l'intérieur de votre logement

Aussi simple que cela puisse paraître, fermer la porte de la pièce que l'on est en train de chauffer ou alors de rafraîchir avec un climatiseur vous permettra de diminuer votre dépense énergétique.

En fermant les portes vous éviterez d'avoir à pousser les thermostats au maximum.

Les petites surfaces sont plus faciles à chauffer. Alors avant d'abattre la cloison de votre cuisine pour avoir une cuisine ouverte sur le salon réfléchissez bien !

85-Vendre dans les dépôts-vente

En revendant vos meubles et objets d'aménagement de la maison dans un dépôt-vente vous en tirerez un meilleur prix que dans un vide grenier.

Vos affaires seront rachetées en lot et vous éviteront d'avoir à payer un emplacement dans un vide-greniers.

A noter, les objets pour enfants ne sont généralement pas repris dans les dépôts vente mais les futurs parents sont souvent en quête de matériel de puériculture à bas coût sur les sites d'annonces gratuites.

86-Vendre son logement soi-même

Pour tirer un meilleur prix de la vente de votre logement et éviter de payer des commissions de négociation onéreuses représentant plusieurs milliers d'euros à des agences immobilières ou à un notaire, vous pouvez vendre votre logement vous-même par le biais de sites d'annonces gratuites ou dans la presse locale de votre région.

Seule la signature du compromis de vente final sera effectuée chez le notaire.

Vous devrez être en mesure de fournir les diagnostics obligatoires au moment d'une vente (diagnostic parasitaire, diagnostic énergétique) et de montrer les documents prouvant le bon entretien de votre bien (factures d'entretien de chaudière, factures de travaux...).

87-Être soigneux avec le bien que vous occupez si vous êtes locataire

S'il est vrai qu'être locataire n'implique pas d'avoir à gérer les travaux d'entretien d'un logement, il n'en demeure pas moins que le locataire se doit de rendre son logement impeccable lorsqu'il rend les clés.

Il doit rendre un logement conforme à la description faite lors de son entrée dans le logement au moment de l'état des lieux faute de quoi il risque de perdre sa caution.

En étant tout simplement soigneux avec le bien occupé au cours du bail, c'est-à-dire en aérant bien le logement pour éviter l'apparition de moisissures, en évitant de salir les tapisseries ou peintures...et rendant votre logement propre, vous éviterez des déconvenues financières.

Au besoin si vous devez redonner un petit coup de peinture vous-même ou remettre un morceau de tapisserie abîmé cela coutera bien moins cher que de perdre votre caution.

88-Favoriser une banque peu chère

Les frais bancaires peuvent rapidement s'accumuler au fil des opérations réalisées et des forfaits bancaires que vous choisissez.

Afin d'éviter de dépenser votre argent de manière incontrôlée dans des frais bancaires qui peuvent atteindre plusieurs centaines d'euros par an, vous devrez envisager de comparer les prix des prestations bancaires.

Les banques en ligne sont encore plus avantageuses car elles offrent souvent gratuitement la carte bancaire.

89-Faire du tourisme près de chez soi

Les régions de France offrent l'avantage d'avoir chacune un charme qui leur est propre. Nul besoin de partir très loin de chez soi pour passer d'excellentes vacances en découvrant le département voisin de chez vous.

Vous économiserez en carburant et en frais de péages d'autoroute en ne passant que par les nationales comme autrefois.

Les vacances n'ont pas besoin de se passer loin de chez vous ou d'être hors de prix pour être réussies.

De nombreuses excursions proposées par les offices de tourisme locaux et des visites d'entreprises locales ou de fermes pourront vous satisfaire.

90-Vivre en fonction de ses moyens

La société d'aujourd'hui crée en nous des besoins de plus en plus importants et onéreux.

Il n'y a qu'à observer les modèles de voitures qui sont de plus en plus gros et onéreux en frais d'entretien. La possession d'un téléphone portable dernier cri qui demande à être rechargé souvent est aussi une sirène de la société de consommation à outrance.

Si vous souhaitez bien vivre et économiser de l'argent, il faut vivre selon vos moyens, peu importe ce que dépense votre voisin.

Si votre budget permet difficilement d'épargner, vous devrez envisager de mettre fin aux abonnements multiples de téléphone portables dans votre foyer. De même, acheter un véhicule plus basique qui ne consomme pas beaucoup de carburant et dont les pneus ne vous couteront pas une fortune vous permettra d'économiser de l'argent.

C'est en renonçant à certaines dépenses que vous pourrez commencer à économiser de l'argent.

91-Réinvestir vos intérêts ou dividendes

Si vous possédez des livrets d'épargne ou que vous recevez des dividendes d'actions, ou des coupons d'obligations, le réinvestissement de ces derniers vous permettra de toucher plus d'argent dans le futur.

Réinjecter chaque année vos gains au lieu de les dépenser est un bon moyen pour faire croitre votre épargne au fil du temps.

L'argent attire l'argent. Moins vous toucherez à vos économies, plus celles-ci augmenteront.

92-Economiser sur les repas entre amis

A l'origine le mot copain signifie « celui avec qui avec qui on partage le pain ».

Le principe du repas partage entre amis est un bon moyen de ne pas supporter seul les frais d'un repas.

Le principe consiste à demander à chaque invité d'envoyer un plat cuisiné par ses propres soins.

93-Fabriquer sa propre nourriture pour enfant

Les petits pots pour enfants ont leur utilité et peuvent dépanner les parents mais pour quiconque souhaite réaliser des économies ils sont à éviter.

Les parents qui cuisineront eux-mêmes les plats pour leurs enfants réaliseront plusieurs centaines d'euros d'économies au cours des premières années de la vie d'un enfant.

En préparant vous-même les compotes de pommes, les purées et autres repas vous économiserez beaucoup d'argent.

Lorsque l'enfant grandira vous pourrez garder l'habitude de lui préparer des goûters maison (crêpes, cakes...) qui seront bien moins chers et bien meilleurs pour la santé que les produits en vente dans le commerce.

94-Accommoder les restes

Au lieu de jeter les restes des repas vous pouvez accommoder vos différents restes afin de constituer délicieux plateaux repas.

Le pain rassis pourra être transformé en croûtons pour la souple ou en pain perdu.

Les restes d'un poulet pourront agrémenter une salade césar.

Les restes d'un poisson pourront être récupérés et écrasés avec de la pomme de terre et des herbes aromatiques pour façonner de délicieuses croquettes de poissons que vous pourrez poêler avec un peu d'huile. Il existe mille et une façon de ne pas gaspiller la nourriture qu'il vous reste dans le réfrigérateur.

Un repas accommodé avec des restes représente un peu plus d'argent économisé.

95-Utiliser un séchoir pour le linge au lieu d'un sèche-linge

Le confort de la vie moderne a apporté le sèche-linge électrique dans bon nombre de foyers.

Si cet appareil a son utilité il représente par contre un gouffre en termes de consommation électrique.

Si vous en possédez un, vous pourrez le garder pour les jours pluvieux mais dans le cas contraire, si vous prenez l'habitude d'étendre votre linge sur un étendoir comme tout le monde le faisait autrefois, vous réaliserez des économies sur votre facture d'électricité.

Pour vous motiver, vous pourrez penser que la consommation moyenne annuelle d'un sèche-linge représente environ 140 € qui seront bien mieux sur votre livret d'épargne. Au bout de 10 ans vous économiserez près de 1400 €.

96-Débrancher tous les appareils électriques inutilisés

On y pense peu, mais laisser un appareil électrique branché consomme de l'électricité. On appelle cela la veille cachée. Celle-ci représenterait selon l'Ademe (Agence de l'environnement et de la maîtrise de l'énergie) un surcoût de 50 kWh soit environ 80 €.

Ainsi, si vous prenez l'habitude de débrancher l'alimentation de vos appareils (TV, ordinateur, batteries de téléphones portables, box internet, multiprises...) vous réaliserez des économies d'électricité.

97-Eviter d'acheter des articles jetables

Les articles jetables (essuie-tout, serviettes en papier, lingettes pour la toilette, gobelets...) semblent peu chers au moment de leur achat.

Pourtant la répétition de leur achat dans le temps représente un budget conséquent pour les ménages.

En évitant l'addition de ces petites dépenses qui peuvent être évitées en utilisant des serviettes de table en tissu, des tasses et couverts réutilisables, des lingettes microfibres, des lingettes ou des gants éponge pour la toilette...vous réaliserez des économies et vous ferez en plus un geste vertueux pour le respect de l'environnement.

98-Déménager dans un logement plus petit

Vivre dans un grand logement a un coût en termes de chauffage, de coût d'entretien et d'impôts.

Si vos enfants ont grandi et que vous vous retrouvez dans un logement trop grand, vous pouvez envisager de déménager afin de trouver un logement plus petit qui vous reviendra à moins cher.

Si vous êtes locataire, vous pourrez ainsi trouver un logement avec un loyer moins important.

99-Ne pas jouer aux jeux de hasard

Les jeux de hasard à gratter et les tickets de loto représentent un gaspillage d'argent qui peut-être éviter.

Si vous faites la somme de ce que peut coûter votre participation aux jeux de hasard sur une année, vous réaliserez que comparé au gain que cela rapporte, l'économie réalisée en cessant de jouer est bien plus importante. Si vous jouez une fois par semaine au loto vous économiserez plus d'une centaine d'euros par an en cessant de jouer.

100-Fabriquer vos propres produits ménagers

Les produits ménagers coûtent cher et contiennent pour la plupart des perturbateurs endocriniens dangereux pour le foie ou le sang des enfants comme le phénoxyéthanol.

En favorisant les produits ménagers de base (savon noir, bicarbonate, vinaigre...) et créant vos propres produits pour laver les vitres, le linge, nettoyer les sanitaires...vous économiserez plusieurs dizaines d'euros par an et vous protégerez votre santé. De nombreux blogs proposent des recettes pour réaliser soi-mêmes ses produits.

101-Installer un récupérateur d'eau de pluie

Si vous habitez une maison vous pouvez faire installer un récupérateur d'eau de pluie qui pourra être réutilisée pour l'eau des toilettes, de la douche avec un filtre ou pour l'eau de la machine à laver, l'arrosage des plantes.

L'économie d'eau réalisée est énorme.

Table des matières